Cartas sin destino

EDWIN VERGARA

Cartas sin destino
Segunda edición

Autor:
Edwin Vergara, 2018
www.facebook.com/edwinvergarafrases
www.instagram.com/edwinvergara_

ISBN: 9781980434535

Diseño de portada, diagramación e ilustración:
Lucila Jacob

I

PRIMERA PARTE

«Yo seguiré soñando mientras pasa la vida,
y tú te irás borrando lentamente en mi sueño.

Un año y otro año caerán como hojas secas
de las ramas del árbol milenario del tiempo,

y tu sonrisa, llena de claridad de aurora,
se alejará en la sombra creciente del recuerdo».

JOSÉ ÁNGEL BUESA

¿QUÉ NOS FALTÓ?

¿Qué nos faltó? tal vez tiempo.
Llenarte de más besos todos los días.
Quizá platicar un tanto de política y así discutir
los tratados de este amor que se expandía sin permiso,
violando la soberanía de este corazón. Tal vez charlar
en las noches de economía y darnos cuenta de que
el mismo amor que un día nos hizo millonarios, nos
iba dejando lentamente en bancarrota. No sé qué más
faltó. A lo mejor, aprender otros idiomas, uno mudo,
uno de silencios; uno que expresara lo que
con palabras jamás nos alcanzó.

SE MURIÓ EL AMOR

Lentamente se murió el amor. Ese que alguna vez nos juramos que sería infinito, ese al que apostamos todo. Al final no hubo culpables. Sin medir más, todo se fue derrumbando, preguntas sobraban. Ya no había nada que pudiéramos hacer. La nuestra fue una de esas historias que todos quisieran escribir, una de esas que llevan miradas al alma, abrazos a la vida, besos a los sueños. Por supuesto no pudo faltar un poco de buena poesía, sorbos de melancolía, un par de lágrimas entre escritos. Tal vez muy parecidas a éstas que intento plasmar hoy aquí, quizá iguales a éstas que no son más que el lenguaje de un alma que busca desahogarse. Lentamente se nos murió el amor.

SOUVENIR

No todo fue como lo quisimos.
No fue como tantas veces lo planeamos.
Pero jamás nos hicieron falta besos,
tampoco canciones que dedicarnos.
Recuerdo bien que por momentos
me obligabas a callarte a besos y así abrir paso
al silencio que era siempre nuestro mejor confidente
y testigo; silencio que hasta celos sentía de los dos.
Echo de menos tus extrañas manías de hablar sola,
debo aceptar que odié lo buena actriz que eras.
Llegué a odiar hasta el maldito sabor de tus labios,
el olor a vida que se desprendía de tu blusa,
y ese inconfundible calor violento que brindaban
tus brazos. Los odiaba porque sabía que este día
llegaría, sabía que una noche como esta
ya no me pertenecerían; ni tú tampoco.

TAL VEZ

Hoy, que ya no me pertenecen tus labios,
que ya no soy la causa de tu insomnio, me hallo
desconcertado cuando las preguntas me asedian.
Revolotean en mi cabeza y se estrellan unas
contra otras, y al final de tanto escándalo,
termino por creer que sí, que quizá sí eras tú.
Tal vez sí estaban tus manos hechas a la medida
de las mías y tus labios perfectamente creados para
los míos. A lo mejor sí éramos el uno para el otro,
pero definitivamente, no fue este nuestro
momento, ni nuestra vida.

ACUERDO SUICIDA

Recuerdo aún ese último beso, ese con sabor a lágrimas.
Ese beso tan dulce y a la vez tan amargo.

¡Vaya acuerdo suicida ese de juntar nuestras almas
por última vez, ese de ser nuevamente uno,
aun sabiendo que jamás lo volveríamos a ser!

A PESAR DE TODO

No negaré que es verdad, que sí... que ya poco
te recuerdo, que pasan días en los que ni por equivocación
pienso en ti, que de vez en cuando visito los lugares
que solíamos caminar, donde vivimos tantos buenos
momentos y ya no me da nostalgia; que ahora si alguien
me pregunta por ti me es indiferente, insustancial.
He aprendido a recordarte como deben recordarse las
cosas que uno amó: sin tanto dolor. Pero, a pesar de todo,
aún guardo en mí ese miedo de cruzarme nuevamente
con tu mirada algún día por la calle... y volver
a sonreír como la primera vez.

SIN DUDA

Sin duda era la mujer más impredecible del mundo. En un segundo te hacía volar con un beso, y al otro te mataba con una palabra. No había manera de descifrar el centelleo disimulado en sus ojos. Jamás sabía qué pasaba por su cabeza, no sabía si salir corriendo o entregarme a sus brazos cuando inesperadamente callaba.

NOCHES COMO ÉSTA

Noches como ésta te recuerdo, donde ya no eres tú quien me abraza, sino el frío que me mata; donde ya no eres tú quien me acaricia, sino el recuerdo que me golpea; donde ya no eres tú quien me besa, sino el pasado que desnuda; donde ya no eres tú mi sueño, sino mi insomnio despiadado. Noches como ésta me colmo de realidad... y sin quererlo, te recuerdo...

SÍNTESIS

Si algún día en el camino —y sé que llegará— me preguntan cómo te recuerdo, lo diré con mucho gusto: como quien recuerda un pedazo de su vida que se ha ido, les platicaré un poco de ti. Del extraño encanto en tu sonrisa, les hablaré de lo buena actriz que eras, del centelleo mágico en tus ojos y de las miradas que sabías hacer cuando querías algo, ¡y vaya que siempre lo conseguías! Les contaré del sabor de tus labios, aunque tal vez piensen que estoy exagerando, pero no se imaginarán que me quedo tan corto al intentar hablar de ti, que tan sólo es un vano intento el querer hallarte siempre, en cada una de mis palabras, en cada cosa que digo de ti.

ME ENSEÑASTE

No me podría quejar, mucho menos arrepentir de lo que
alguna vez tuvimos. Me enseñaste tantas cosas cariño.
Aprendí a conocerme, a saber, cuán celoso podía llegar
a ser, yo, que de eso no sabía. Me regalaste una buena
inspiración en las mañanas, sonrisas de nostalgia por las
tardes y largos insomnios de incertidumbre por las noches.
Descubrí que siempre se puede dar un poco más. Que
las horas jamás son suficientes cuando de amar se trata.
Que no hay mejor lugar en el mundo que entre los
brazos de quien se ama. Que para escribir sólo se necesita
un corazón dichoso y enamorado o uno jodidamente
despechado. Y, a decir verdad, hoy me siento
en la mitad de ambos.

LO QUE YO ESTARÍA DISPUESTO A DAR

Era ilógico buscar un culpable donde no lo había.
Era tarde para atribuir culpas, ¿para qué? ¿Con qué fin?
Era un desperdicio de tiempo pretender que alguno de los
dos acabara sentenciado y lidiara con el peso de todo esto.
Para mí no se trataba de rabia ni de resentimiento, mucho
menos de odio; lo mío, digamos, era una cuestión de
decepción por andar siempre esperando —la mala
costumbre de siempre— lo que yo estaría dispuesto a dar.

DE MEMORIA

Sabías bien cómo hacer tus cosas. Tenías ese truco para matarme o revivirme en un instante siempre que quisieras. Aprendiste a conocerme tanto, incluso más de lo que yo pensé. Conocías mis miedos, lo que amaba, lo que odiaba, sabías bien qué camino tocar para obtener lo que ansiabas. No te hacía falta un mapa o una hoja de ruta, me sabías de memoria.

DIAGNÓSTICO

Mientras tanto acá en mi cama,
continúo improvisando remedios contra
el insomnio, engañándome tal vez un poco,
atribuyendo la culpa al estrés y la rutina,
cuando sé que mi único diagnóstico
no es más que ganas de usted.

HECHIZO

Siempre era una total pérdida de tiempo
el intentar no caer vencido ante ti.
Por más que quisiera disimular lo que me hacías
sentir, por más que pretendiera parecer normal,
mi corazón con su fuerte latir siempre terminaba
delatándome: acababa siempre sometido a tus brazos,
estrellándome fuerte contra tus labios, perdido
ante el encanto que emanaba de tu boca.

APRENDIZAJE

A decir verdad, no fue como lo quise,
mas sin importar cuánto duela, no evitaré recordarte.
Cuando el invierno vuelva y pregunte por ti,
simplemente sonreiré y le diré que tú te has ido,
que me he acostumbrado a la soledad,
que he aprendido a vivir sin ti.

RESIGNACIÓN

En noches como esta me siento a darle espacio a los recuerdos. Todo cambia afuera, todo parece diferente, pero en el fondo, todo conserva una parte de su pasado. El cenicero se sigue llenando mientras el alma va quedando más vacía. Dejándome sólo cenizas esparcidas por la memoria y quemaduras de ausencia que arden cuando el frío llega...

PROMESA

Te prometo que si algún día llego a verte de nuevo
por la calle no agacharé la cabeza, mucho menos
desviaré la mirada hacia otro lado. Haré frente al destino
y te veré de su mano al igual que alguna vez estuviste de
la mía. No sé qué vaya a pasar conmigo. Tal vez el corazón
se me quiera salir. Quizá la nostalgia me invada por dentro
en aquel momento, pero no... no me iré. Tan sólo
dispararé una de esas sonrisas que saben a lágrimas,
una de esas que dicen adiós.

MOTIVOS

Usted debe darme motivos suficientes,
no para que la extrañe o la necesite,
sino para que la ame.

Para que desaparezcan estas ganas de tener que inventarla
cada noche a mi lado.

MANIFIESTO

Porque muchos como yo vivimos de esa imposibilidad
de expresar lo que llevamos dentro, porque de sólo
pensarlo nos tartamudea el alma, porque podríamos mirar
a los ojos de quien amamos por horas y seguramente eso
nos delataría un poco. ¡Ah! Pero de nuestra boca, de esa
nunca no sale nada, y no es que sea un asunto de cobardía,
tampoco de no encontrar las palabras, porque sabemos
exactamente lo que queremos decir. Por eso tantos
escogemos de confidente al lápiz y de intermediario
al papel, porque a veces toca arrancar los sentimientos
en letras, cuando la voz se atora en la garganta
y queda imposible sacarlos del fondo.

SI ESTUVIERAS

De estar ella junto a mí esta noche,
me evitaría estar escribiendo en esta soledad.
Permitiría que cada verso se desgaste en su piel.
Sería ese polvo que cae derrotado ante el ventarrón
que preside al amor. Me evitaría protocolos y
dejaría que el silencio diga lo que tanto ha callado,
que los minutos y horas se resignen, porque para
este amor ni siquiera mil eternidades bastarán.

LÁGRIMAS

Nos olvidamos que también
hay lágrimas de dicha, de felicidad.
Lágrimas que humedecen el alma,
que sacuden la vida misma.
Lágrimas que ayudan a limpiar
el mundo contenido en los ojos y
a darnos cuenta que, poco a poco,
nos fuimos olvidando de las cosas
que realmente valen la pena;
nos olvidamos del amor, y de amar.

ACLARACIÓN

Quizá me falle la memoria algún día
y no recuerde ya su nombre,
tal vez pueda olvidar hasta el color de sus ojos,
pero el sabor de sus labios jamás;
ese ni con amnesia lo podré olvidar.

LA ÚLTIMA VEZ

Las últimas palabras fueron las más difíciles. Los adioses brotaban de su boca con suma facilidad, como si los hubiera estado preparando desde hace mucho tiempo o ensayando frente a un espejo. Yo no decía nada, sólo quería salir corriendo, escapar, no seguir escuchando más, antes de que acabara más dañado y lleno de sufrimiento. Intenté irme, pero me detuvo tomándome de la mano. Pedía que no me fuera así, sin decir nada, sin la más mínima intención de decir algo a mi favor. Estaba deshecho. Quise hablar, pero fue inútil, se me quebraba la voz y a duras penas lograba tartamudear. Tras su último adiós abrió sus brazos y me aventé a ellos, la abracé inundado de dolor y con ganas de no soltarla jamás, como quien se abraza a la vida misma cuando está a punto de perderla. Luego de eso salí rápido, con el semblante desfigurado, con una mano cubriéndome la boca para evitar que se me escaparan los suspiros y se me deshicieran los ojos en lágrimas. La calle se iba consumiendo en esa soledad gris que suele tener cuando te rompen en mil pedazos el corazón, como si perdiera su color tras cado paso que daba y me alejaba más y más de ella. Esa fue la última vez que la vi, la última vez que mis besos humedecieron en su boca y mi amor se amarraba al suyo.

MISTERIO

Era inexplicable la manera tan sutil con la que sacudías
mi vida. Suave, sin afán de nada, siempre aumentando
el desastre beso a beso. Porque sin duda, no eran besos
normales los tuyos. Eran besos de esos que te anestesian,
donde te dejas llevar sin miedos, donde dejas de usar
los labios y das espacio al corazón y al desenfreno.
Besos de esos que te hacen desear que el tiempo
se detuviera y morir en ese instante, justo allí:
en el paraíso que era tu boca.

LA ÚNICA REALIDAD

Creaste universos a tu antojo por toda mi vida,
haciendo de ensueño hasta las cosas más insignificantes,
convirtiendo sin mediar tardes de lunes en noches de
viernes. No había horario para amar. No hicieron falta
lugares a donde ir tampoco. Si después de un buen beso,
el destino nos deparaba una larga travesía a la gloria,
si entre caricias, el mundo de afuera se reducía a
un simple mito, cuando en medio del éxtasis,
la única realidad éramos los dos.

PASIONES LITERARIAS

Acompañada de un par de estrellas, llega siempre la tan esperada noche. Miro hacia abajo y encuentro todo tan pequeño, la gente tan diminuta, y me pregunto cómo siendo así alguien puede ocuparte completamente el ser, instalarse sin permiso en tu espacio y volverse tu costumbre. A lo lejos sólo hallo calma, un mar desenamorado que se confunde en la distancia con su amada noche, ahí te veo, te siento y también te beso.

Siento que te respiro y te descubro mía como antes, pero se me interrumpe la respiración y la sombría realidad me acomete apagándome el semblante. La noche no entiende mi desdicha, ella jamás está sola, en cambio yo sí.

De pronto, un susurro de tu voz llega inadvertido a seducirme el insomnio. Allí te encuentro, te respiro y te vuelvo a besar. Luego de tanto inventarte, soy yo quien se va desapareciendo, esfumándose entre sombras nocturnas. Tú, por tu parte, te vas cuando la claridad celosa llega a arrebatarnos nuestra frágil noche...

Entonces me voy también y me remuerdo de las ansias mientras espero de nuevo a tu llegada fiel.

Me desaparezco al falso día, en donde te siento, pero ya no te encuentro, ya no te respiro, ni tampoco te beso.

QUIERO

Quiero alguien que en vez de excusas tenga ganas,
alguien que esté dispuesto a agotar los abrazos siempre
en mí, alguien que me quite la sed de mis labios y
entienda que el amor es mucho más que cuerpo:
es entrelazamiento de dos almas

DESTINO

No diré que me da lo mismo, tampoco asumiré
que era lo que quería. En mi defensa sólo diré que
muchas veces eso, a lo que llaman "el destino",
toma mejores decisiones que nosotros.

NO SE CONFUNDA

No se confunda por favor, si algún día escucha decir que no he podido olvidarle, no es así. No se confunda si le dicen que me han visto caminando por la calle con un semblante de tristeza o vistiendo un traje de luto, no se confunda por favor, no es así. No vaya a pensar que estoy extrañándole como antes solía hacerlo. Sepa que hay heridas que sanan despacio, que a veces los sentimientos se distraen y chocan causando desastres por dentro, pero llega el minuto que finalmente desaparecen y se van.

AUNQUE DUELA

Aunque duela, llega el momento
donde se debe dejar que todo siga su camino,
donde es mejor no forzar nada.

Donde se tiene que entender que,
aunque con tanta fuerza se desee,
hay cosas que sencillamente
jamás serán.

IRONÍA

Es irónico que el deseo por encontrar la felicidad se encuentre, justamente, en el irrefrenable miedo a amar.

UN BESO TUYO

A estas horas se me antoja algo tan amargo
como tan dulce, algo que me dé vida
y acabe conmigo en un segundo;
un beso suyo, por ejemplo.

PROBLEMA AUDISENSITIVO

Esa era ella... siempre fingiendo no comprender,
siempre haciéndose la desentendida.

Sólo para que le repitiera una y otra vez
lo que tanto amaba escuchar...

UN POCO MÁS

Y cuando más te duela el corazón, resiste,
ten fuerza. Sopórtalo todo y ponle cadenas a esos
instintos masoquistas. Aguanta un poco más,
sólo un poco más, porque cuando más duele
siempre está a punto de sanar.

APRENDIZAJE II

Si algo he aprendido, después de tantos errores,
es que a los sentimientos enterrados es mejor dejarlos así,
bajo tierra, sin la mínima posibilidad de recibir oxigeno;
aplacados por el olvido para siempre.

DESINTOXICACIÓN

En el proceso de recuperarme pude notar que
no estaba tan dañado como pensé. Estaba más bien
intoxicado por esos sentimientos falsos, por todo ese
montón de falsas ilusiones que había consumido
después de tu adiós...

COMENZAR DE NUEVO

Jamás soporté esa farsa de amar y salir ileso.
No importa cuántas precauciones se tome, el amor
siempre nos jode la vida cuando se debe cerrar
un capítulo y volver a comenzar de nuevo.

APRENDIZAJE III

Y cuando noten que no eres el mismo de antes,
que has dejado de darle importancia a muchas cosas,
entonces se irán sobre ti. Te acusarán de haber cambiado,
de haber perdido la sensibilidad, incluso de ser indiferente
a los sentimientos. Te atacarán de mil maneras. Sólo por
haber dejado de sufrir por cosas que no valen la pena...

REFLEXIÓN NOCTURNA

Llegada la hora, la ciudad se enciende. Una ola de luces inunda las calles, y yo, yo voy en ella cuan náufrago va sin destino. La brisa fría que acaricia suavemente mi rostro me retuerce el semblante. Sin resistirme a ella siento que me susurra al oído, la escucho dichoso. Las tinieblas cercanas a las playas se roban la luz de los últimos rayos de sol. Sólo queda el tenue brillo de la luna encaprichada que se aproxima, amante eterna de tantas nubes pasajeras. Sólo se escucha el vaivén de las olas, el estruendo inquieto que ellas provocan al estrellarse contra las rocas, como si fuesen latidos intensos de un corazón agitado. Nadie acompaña esa melodía, nadie me acompaña esta noche. A solas estoy con el mar sombrío. Las estrellas han emigrado, al igual que la sombra que se ciñe sobre mis pensamientos. La luz renace y evidencia mi agonía, pero no me dice nada, me absorbe con un silencio impasible y a ratos distante. La brisa de pronto cesa, y con ella mis ganas tras cada noche. Ya, llegando a mi fatal destino, el aliento se hace más pesado, lo siento en mis huesos, lo siento con el desgaste de las ganas. Creo que ya no me hallo a mí mismo.

VUELO

Se alejó, se fue sin avisarle a nadie.
Entendió que hay momentos en la vida
donde hay que dejarse llevar por lo que uno
quiere. Abrir las alas y emprender el vuelo,
aunque eso suponga que el mundo tenga
que desmoronarse durante el viaje.

SALUD EMOCIONAL

No tengo miedo de enamorarme, mucho menos
pretendo huir del amor. Lo mío, por ahora,
no es más que una tregua con mi corazón
por conservar la salud emocional.

IMPOSIBLE

Qué ganas de tenerte cerca, de respirarte,
de sentirte. Qué ganas de amarte
o de olvidarte de una vez por todas.

¡Qué ganas de tantas cosas imposibles...!

DOMINGOS

A veces creo que los domingos se inventaron
sólo para extrañar más a quienes ya no están...

FUIMOS

Fui ladrón de tus insomnios, de tus sueños, me escabullí
en cada espacio de ti. Te descubrí mujer tantas veces entre
tus dudas, en medio de tus complejos, cargada de miedos.
Fuimos uno en todo momento, incluso en los días más
malos. Y sin ningún pronóstico a favor, arremetimos
contra todo, nos aferramos fuerte cuando la tormenta
amenazó, juntos no supimos de imposibles.

Fuimos uno cuando los besos nos pervertían la cordura,
pero lo suficientemente sensatos para saber
que no nos necesitábamos.

Fuiste ese tipo de amores que no dejan heridas,
de esos que jamás entiendes por qué terminan.
Un amor que no tiene culpables y que, al recordarlo,
te saca una de esas sonrisas nostálgicas. Un amor
de esos que siempre guardas su beso de despedida
en la maleta, o en la boca.

EN LA MITAD

Estoy seguro de que todo cambia, que cada etapa cumple
su ciclo, que todo viene y va. Pero hay cosas que se
resisten, recuerdos que no quieren marcharse,
personas que se quedan siempre en la mitad.

ILUSIÓN

Siempre, por alguna extraña razón,
termino incluyéndote en mis planes.
Imaginando cómo podría ser el camino
compartiendo los minutos y horas juntos a ti.

Vislumbrando momentos que seguramente,
al igual que tú, vivirán sólo en mi triste imaginación.

QUÉ LÁSTIMA

Qué lástima que te fuiste, que ya no estás,
que renunciaste al amor que te brindaba,
que nada fue suficiente para que te quedaras.
Qué lástima que ahora mis ojos no comprendan
por qué te has ido; que te sigan rebuscando en cada vereda,
con esa fe desesperanzadora de encontrarte de nuevo mía.
Qué pena que nuestro cielo se nubló, que jamás
aprendimos cómo volar en él. Qué pena que tus ganas
y las mías no coincidieron, que no pude -no supe-
cómo detener tu vuelo. Qué lástima que, en tu camino,
te hayas llenado el cuerpo de falsas caricias y ya no quede
espacio para una mía. Qué triste, cariño, que se te hayan
deshojado los besos en tantos amores y que los labios se te
hayan marchitado tan pronto, que ahora mi amor deba
buscar otra boca dónde germinar.

¡Lástima, amor mío, que buscando libertad
no hayas conseguido más que esa sombría soledad
que hoy es tu única compañía!

ASÍNTOTA

Triste es que después de poder haber sido todo,
no me hayas dejado más opción que dejarte,
entre las cosas que siempre veo venir,
pero que nunca llegan.

APRENDIZAJE IV

Es mejor no dar alas en donde
no hay un cielo para volar.
De lo contrario uno se estrella.

SIGNOS

La ocupación de los últimos días no ha sido más
que la incesante batalla contra los signos que insisten
en recordarme que ya no está. Me acomete el deseo
esperanzador de hallar algunos que me digan que no se ha
ido, que sigue aquí. Algún signo, aunque sea una simple
ilusión, que me brinde la tranquilizante certeza de saberla
todavía mía. Confieso que he querido escuchar el ruido
que provocaban sus manos mientras ordenaba siempre las
mismas cosas. He querido hallar, al regresar a casa, alguna
señal de su presencia: su desorden de lápices y libretas
tirados sobre el sofá; la computadora reproduciendo las
canciones que nunca cambiábamos y aborrecimos de tanto
escuchar; alguna última nota escrita en el diario que
usábamos para contarnos las cosas que aún no
aprendíamos a decirnos de frente. Me ilusionó queriendo
escuchar sus pasos tranquilos viniendo hacia mí cuando
salgo al balcón y me quedo mirando fijamente la puerta por
donde tantas veces salía a escrutarme con sus ojos
inteligentes. La he buscado, tanto la he buscado, que a
veces en los momentos en que me debato entre la realidad
y el sueño, siento que aparece y me deja caer un beso sobre
mi frente y se escapa silenciosamente con sus pisadas
desnudas hasta el living a seguir soñando como de

costumbre. Ojalá apareciera siempre así, como cuando estoy entredormido, entonces podría vivir con su fantasma. Si tan sólo pudiera volverla a escuchar susurrándome un te quiero mientras me abraza, la casa sería menos sombría y desolada. Pero no está, no aparece.

Y el único signo que termino encontrando al final es el infinito silencio que me dice que ella se ha ido; que me advierte que ella ya no estará nunca más.

II

SEGUNDA PARTE

pero hagamos un trato
yo quisiera contar
con usted

es tan lindo
saber que usted existe
uno se siente vivo
y cuando digo esto
quiero decir contar
aunque sea hasta dos
aunque sea hasta cinco
no ya para que acuda
presurosa en mi auxilio
sino para saber
a ciencia cierta
que usted sabe que puede
contar conmigo.

MARIO BENEDETTI

LLEGADAS INESPERADAS

Sin permiso,
violentando mis pensamientos,
apoderándose de lo poco que queda de mí,
así ha llegado usted.

LA OTRA MITAD

Y es que cuando uno conoce a su otra mitad,
está dispuesto a partirse en dos
con tal de encajar con ella.

CONTRATIEMPOS

Le conocí después de tantas decepciones,
en el momento más inesperado de mi vida.

Fue ahí cuando me di cuenta
que mi torpe corazón
jamás aprendería...

ISABEL

Despierta en el momento exacto, no más tarde,
no más temprano, la aguja de su reloj marca siempre
puntualmente. Ojos verdes tranquilos que dan a su
rostro una expresión apacible, labios pequeños achatados,
como los de quien nunca ha mentido, manos pequeñas
armoniosas, delicadas como la nieve. Su voz profunda
y dulce, canto celeste para las flores y el mar.
Isabel, con su mala costumbre de no dormir de noche,
ahora guarda insomnios que le acarician el cabello todas
las madrugadas. Toma café para justificar sus desvelos,
mas sabe en lo más recóndito de su pecho el sabor amargo
de los desengaños de la vida. Amante empedernida de los
libros y la música, en la sala fría encuentra sosiego para sus
penas y sustento para sus sueños. Isabel, siempre tan atenta
y puntual, ha olvidado ya los besos simples y las miradas
desleales que dejó el ayer, mas nunca supo cómo cerrar las
puertas de su corazón. Isabel, siempre tan soñadora y
perspicaz, conserva en su rostro la misma sonrisa que la
acompañó desde niña, que fue artificio para la costumbre
y la alegría de los que la vieron dar sus primeros pasos,
antes de que descubriera cómo volar...

CONFÍO

Confío plenamente que, en uno de esos inadvertidos accidentes de la vida, el destino me termine estrellando contra sus labios.

INCONSCIENTE

La noche se me hizo larga. Esta vez la brisa no entraba
a arrullarme como de costumbre, ahora llegaba
a susurrarme su nombre al oído. Así iba y venía.
¡Qué irónico! Yo que nunca he sido un tipo de insomnios
y ahora me lo provocaba una completa desconocida.

Cuán torpe e inconsciente se habría vuelto mi corazón
por los encantos de ella que no aprende de los golpes,
que se entrega al amor inconsciente, al primer suspiro,
aun sabiéndose completamente herido y destrozado.

LO MÁS JODIDO

Lo más jodido de robar un beso,
no es la manera ni el momento de cómo hacerlo,
es el alto riesgo de terminar completamente
enamorado de esos labios...

PROPUESTA

Le invito a acompañarme esta noche a mi cama,
a construir el mejor de los sueños; a que matemos
el insomnio a besos, a no dormir y darle rienda suelta
de una vez por todas a la imaginación. Propongo amarnos.

EL PRIMER SÍNTOMA

El primer síntoma para saber que se está enamorando,
no son más que ese ejército de celos dispuestos a defender
lo que ni siquiera es tuyo.

INDICIOS

Sufría de un extraño sentimiento
que me llenaba de indecisión.
Unos días decidía no hablarle,
sólo dejarle ir; y otros,
sólo moría por verla,
necesitaba estar junto a ella.

Creo que estaba enamorado,
creo que aún padezco de amor.

LOCURA

Usted ha logrado, sin querer, desequilibrar mi mundo. Podrá pensar que estoy loco, y de seguro he de estarlo, pero dudo que cualquiera en su sano juicio logre seguir siendo normal después de haberla mirado a los ojos.

HOY VOY A VERLE

Hoy voy a verle, y a pesar que hace meses le vi por primera vez, aún siento un poco de nervios. No sé si sea normal, pero a decir verdad creo que de eso se trata: de encontrar alguien que te genere náuseas, que te produzca ese vértigo tremendo, aun cuando faltan horas para verle, que te genere esa ansiedad de querer que llegue rápido el momento. Ya le he besado antes, pero hoy siento más ganas de besarle que nunca. Hoy es especial, porque tengo ganas de navegar en el mar de su boca; ganas de que la marea incontrolable de sus labios me mande hasta el fondo y terminar, como siempre, naufragando hasta la orilla de la razón. No sé si sea normal, pero creo que de eso se trata el amor, de sentir siempre esa combinación entre curiosidad y deseo, de hacer que el amor sienta celos de los dos.

Ya pasaron dos horas y sigo aquí esperando
en esta biblioteca... Hoy iba a verle.
Pero hoy alguien no llegó.

CON MIEDO AL AMOR

Como siempre, el gran problema es no saber por dónde empezar, dónde empezar a sentir, a amar... mientras tanto acá, en mi mundo, en mis planes, ya le incluyo. Mientras tanto usted allá, siempre tan a la defensiva, siempre con las armas dispuestas y apuntando para aniquilar el amor por si se le acerca. Mientras acá inundado de ganas, cargado de sueños y de este montón de futuro que me pesa, sólo le veo allá levantando esa inmensa frontera entre sus miedos y mis besos, entre el caos que causó el pasado y la calma que ofrece este presente. Seguramente si hablamos de caos, de calma, de presente y futuro, a lo mejor hablamos entonces de usted; del caos que va provocando siempre a su paso, de la calma que provoca verle sonreír, de mis ganas –siempre presentes– de robarle una de sus miradas, del montón de futuro que guardo con celo para cuando decida venir y quedarse para siempre aquí conmigo.

DILEMA NOCTURNO

Ahora daba lo mismo lo que sucediera.
No importaba si me hacía compañía en mis sueños
o si era la causa de mi insomnio.

Simplemente se había instalado en mi cabeza
y no me permitía dejar de pensarla.

RETORNO

Usted le devolvió el sentido a mis noches,
entregándome algo mejor que cualquier sueño:
su presencia, su perfecta realidad.

¿CÓMO DECIRLE?

Ella me preguntó ¿Qué pasa por tu cabeza
en este momento?, el tiempo para mí se detuvo,
¿Qué iba a responder yo ahora?, ¿Cómo decirle
que ella era todo lo que había en mi cabeza?
¿Cómo explicarle mi odio al destino por no haberla
puesto antes frente mis ojos? ¿Cómo decirle que
la quería para mí?... No hubo palabras, solo un
profundo silencio, y un lapidario "nada".

USTED

Es usted con quien no me hace falta llevar una máscara,
con quien tengo la dicha de ser yo mismo, con quien
puedo decirle adiós a los absurdos complejos y despojarme
de mis miedos; es usted en quien encuentro paz.

MI PERDICIÓN

Sus labios son ese camino
donde me gustaría extraviarme un día
y jamás volver a encontrar el rumbo.

Son algo así como mi perdición.

A MI DEFENSA

A mi defensa tan sólo agregaré
que mi afán de besarle siempre,
no es más que para buscar lo que he perdido.

Para hallar la vida que se me fue, la magia
que perdí y sólo encuentro en sus labios.

MINUCIAS

¡Qué importaba si eran de lugares diferentes, si total, juntos hacían del amor un mundo sólo para los dos!

PAUSA SILENCIOSA

Me pidió que le explicara qué me hacía quererla a mi lado,
pero ¿Cómo se explica algo que ni siquiera tú entiendes
bien? En silencio me quedé y mirándole fijamente a sus
ojos ella sonrió; tras una pausa le dije: ¡Es por eso!
Por la facilidad con la que sacude mi mundo
y me hace sentir vivo, por su facilidad de hacer
que las palabras sobren y el mundo desaparezca.

CENTÍMETROS

Extraño el mirarnos fijamente,
sin saber quién de los dos será
quien decida aniquilar esos centímetros
entre sus labios y los míos.

IMPRECISIONES PRECISAS

Tantos van presumiendo de sus casualidades perfectas,
de sus coincidencias pulcras; de sus historias de amor sin
imperfecciones, sin rastros de desequilibrios. Presumen de
mil cosas que tienen en común y de la exactitud con que
cada palabra se va deslizando entre sus labios. Hablan de
miradas que bastan para descifrar todo, de alguna magia
o encantamiento extraño que hace inútiles las palabras.
Se me hace difícil creer en esos cuentos de novela, aun
si fuera cierto, no le hallo gracia a un amor de esos. Lo
encuentro tan facilista, como si esa misma magia que
bien detallan, le quitara el encanto.

Mi amor es distinto: disparejo, enredado, repleto de
inestabilidades. No nos reconocimos a la primera mirada,
no coincidimos en tiempo y lugar como esos amores que
describen en los libros, mucho menos, pensamos igual
siempre. Somos diferentes en un millón de cosas. Mientras
ella prefiere la tarde, yo amo la noche. Mientras yo prefiero
el café con azúcar, ella lo disfruta amargo. Me deleito
preguntándole en qué piensa cuando su mirada se me hace
inescrutable, me cautivo de su ser impasible mientras me
invento un motivo para aniquilar los centímetros que me
separan de sus labios. Chocamos mil veces, y otras mil nos

amamos. Ni siquiera nuestras manos encajan bien, pero,
aun así, desmedidos, es como la escojo, así la elijo siempre.

Nos es suficiente con ser una imprecisión valiente,
armada de ganas, con cierta cuota de inestabilidades,
pero siempre, dispuesta a todo.

DISTANCIA

La distancia entre usted y yo
es como aquella nube celosa,
que no permite a las estrellas
enseñar todo su encanto.

REENCUENTRO

Volteó y me miró. Se quedó congelada con cara de
espantada, como quien ve la mismísima muerte, ese
centelleo de la primera vez en sus ojos hoy se descubría
mucho mejor. No recordaba sus labios tan gruesos,
se veían carnosos. Encajaban precisos en su rostro,
como si hubieran sido tallados con una sutileza milagrosa
por el mejor escultor del mundo. Provocaba arrancarlos
a mordiscos, provocaba besarla sin compasión.

PROPUESTA II

Y si tiene tiempo esta noche,
le invito a saldar las deudas de besos
que nos quedan pendientes.

SUS LABIOS

No es el hecho de lo que vea en sus labios,
lo interesante está en lo que sus labios
me hacen ver, pero sobre todo: sentir...

AMO

Amo la manera tan discreta
en que de la nada llegas
para arrebatarme la cordura.

LO QUE MÁS ME GUSTA DE TI

Lo que más me gusta de ti son tus labios, porque allí resbalan tus miedos. Me gustan porque podría llenarme la boca de ellos y jamás saciarme. Me gustan porque aun siendo tan simples, guardan una dulzura pulcra, porque aun siendo tan tuyos, siempre los encuentros tan míos.

RIESGOS

Es que, a decir verdad, es un riesgo tremendo el sólo
hecho de abrazarla; y no porque tema acostumbrarme
al calor de sus brazos y puedan hacerme falta después.
No, claro que no. La cuestión es que no sabría a ciencia
cierta si una vez que lo haga vaya a querer soltarla.

EL LUGAR CORRECTO

Sabía que estaba en el lugar correcto
cuando de pronto entrelazó sus dedos
con los míos. En ese instante comprendí
que en ningún otro lugar encajaría mejor.

CONTIGO

Debo confesar que perdí la cuenta de cuántas veces
te pensé y soñé despierto, y aún más, cuántas veces
imaginé lo nuestro cada mañana. Conspiré mil veces
a tu favor, atrasando y adelantando el reloj, solo
para poder coincidir contigo. Nunca forcé nada,
pero si el destino existe le pido que me eche una
mano y me permita compartir, aunque sea,
un pedazo de mi vida contigo.

SOÑADORES

Pero claro que existe el amor. Lo advierto en sus pupilas
cuando me mira, lo reconozco en sus labios cuando
me besa, lo descubro en su voz cuando me susurra,
lo siento cuando con nuestras manos entrelazadas
nos creemos dueños del mundo entero.

¿QUÉ VAMOS A HACER?

¿Qué vamos a hacer, cariño, cuando el alba
y la puesta del sol ya no nos pertenezcan más?

¿Qué será de nosotros, vida, cuando el implacable paso
del tiempo no nos permita ser más que un recuerdo?

DESPEDIDA

Tranquila, te aseguro que no es tristeza
el sentimiento que me embarga cuando debes irte.
Es sólo que aún no me acostumbro a las despedidas.
Pero te garantizo que no es tristeza, de ninguna manera.
Es sólo inconformismo, impotencia, ganas de
que te quedaras; deseos de no querer lidiar
nunca más con tu partida.

SU VOZ

Su voz era magia brotando de su boca.
¡Cuán hipnotizado habré estado! como para olvidarme
del despampanante aguacero que asediaba todavía.
Por momentos sentía que la oía lejos y el eco
retumbaba fuertemente en mi silencio.

Me bastó con escucharla susurrar esas últimas palabras,
para convencerme de que era la voz que quería
me diera los buenos días al despertar.

DE TU INCUMBENCIA

Desde ahora tus sueños y tus miedos son todo míos
también. Deseo sepas que mi reloj y calendarios
son incondicionales a ti. Cada minuto de mi vida, a partir
de hoy, añoran ser eternamente de tu incumbencia.

REENCUENTRO II

La reconocí, adiviné en su mirada el profundo sentimiento
que había reservado para mí, el sosiego y la paciencia
con que había protegido nuestro amor hasta aquel día,
comprendí entonces que uno no se enamora de un par
ojos, sino de la forma en que esos ojos lo miran a uno.

QUÉDATE

No sé cómo, ni cuándo, ni por qué apareciste
en mi vida. Pero, ahora que estás aquí, conmigo,
no te vayas por favor. Acompáñame un rato más,
no te vayas. Quédate una hora o todo el día;
quédate una noche o toda la vida, pero quédate.
Quédate y caminaremos juntos. Quédate y verás
cómo es más corta la tarde cuando tú me miras,
cómo se inunda de dicha la atmosfera, sólo gracias
a tu compañía. No te vayas que mis brazos anhelan
ser tu casa, mi pecho, tu almohada. No te vayas,
porque solamente tu boca puede saciar mi sed
de amor, porque tu voz es mi paz. Quédate que
ahora mi felicidad se ha vuelto mirarte y sentirte,
extrañarte y soñarte: saber que existes tú...

SIN RUMBO

Y si voy a andar sin rumbo
que sea con mis labios sobre tu cuerpo.

EN LA MISMA CAMA

Y si fuéramos un poco más valientes esta noche
tal vez estaríamos juntos, probablemente con
el mismo insomnio que ahora, pero al menos,
lo compartiríamos en la misma cama.

SUSURRO

Y si te susurro un te amo es precisamente
porque sólo me interesa que tú lo escuches
y nadie más lo sepa.

HASTA PERDER EL SENTIDO

No sé qué pueda ocurrir cuando por fin tenga la
dicha de mirarle a los ojos nuevamente, cuando
pueda consentir de nuevo el roce de su mano.

Tal vez en ese momento un beso le dé sentido a esta vida;
o la vida nos llene de besos hasta perder el sentido.

¿QUIÉN?

No es un secreto que guardamos cierto gusto
por esos amores que nos cuestan, esos amores que
sabemos son complicados, pero aun así no desistimos de
ellos. De hecho, más nos gustan. ¿Quién no se enamoró
alguna vez de la distancia que nos separa de un amor?,
¿quién no se enamoró, al menos una vez, de los insomnios
que provocaba, sabiendo que sin importar todo eso nos
hacía más felices que ninguna otra cosa? ¿Quién no se
enamoró, finalmente, de un amor difícil, pero inigualable?

ANSIA

Ganas de escucharte decir eso que todavía no me dices.
Deseos de vivir contigo el tiempo que aún no
compartimos. Ansias de mirarte y dejar en libertad
los besos que tanto tiempo llevan esperando...

INEVITABLE

Inevitable es que engrandezcas mi esperanza cuando te
escucho pronunciar todas esas palabras de amor que
parecen sacadas de novela. Te juro que a veces pienso
que has perdido la cordura y sólo declamas versos
de alguna hermosa locura. Otras, considero que,
si por sospechas de mi razón eligiera no creerte,
aquel que habrá perdido la cordura seré yo.

CONFESIÓN NOCTURNA

Últimamente, pienso mucho en usted.
Ha empezado a ocupar espacios que en mi cabeza
llevaban mucho tiempo vacíos. Podría haberle dicho esto
en cualquier momento, seguro que sí. Pero es en la noche
donde la pasión se hace más intensa, y es capaz de hacer
renacer de sus cenizas hasta el más despedazado corazón.

LAMENTO

Pero es una pena, cariño mío,
que se nos hagan las horas eternas pensándonos;
que la noche dure tan poco
 para seguirnos soñando.

YA HABRÁ TIEMPO

Ya habrá tiempo de compartir un café, de mirar las
estrellas desde el balcón. Ya habrá tiempo de abrazarte
inesperadamente, de hacerte el amor soñando.

Ya habrá tiempo para contarte mi vida, para acariciarte
el cabello y los sueños; tiempo para regocijarse
con la complicidad de nuestros cuerpos al callar.

MIEDO

Lo único que me atemoriza a partir de ahora,
es que una noche como esta, ya no tengamos
la posibilidad de compartir este momento:
cuando ya no me corresponda el sonido de tu voz
y tus ojos celosos no me persigan más por dondequiera
que vaya. Cuando ya tu boca no esté dispuesta
a renovar el aliento de la mía.

INSOMNIO I

A esta hora, cuando la inquietante tranquilidad de la noche arrulla con su silencio misterioso tus pensamientos, vuela desde mis labios hasta los tuyos el beso infinito de mi amor por ti. A esta hora, cuando ya no eres más que una sombra que se escabulle sutilmente entre mis pensamientos, pago en insomnios el delicioso pecado de pensar en ti.

INSOMNIO II

Ahora que ya es tarde, cariño, será preciso que bien puedas descansar. Ya sé que te es complicado conciliar el sueño, que es una tragedia diaria para ti, la constante contienda con el insomnio. Pero ahora la luna se enciende para cuidar tu sueño y es necesario que atiendas el descanso de tus ojos ya. Es urgente que despiertes los sueños que aguardan en la almohada y que apagues la realidad.

Es de vida o muerte, cariño, que a dormir vayas ahora, pues de otro modo; los dos no podremos ser realidad.

AMORES FANTASMA

Tantos van por ahí
persiguiendo amores
que a estas alturas,
no son más que fantasmas.

NO SE HA IDO

No se ha ido,
viene y se va a su antojo.

Mi corazón se ha convertido en la morada
donde habita su fantasma.

CPSIA information can be obtained
at www.ICGtesting.com
Printed in the USA
LVHW041850050520
655000LV00003B/1048